L'ASSOCIATION

C'EST L'AVENIR

PAR

XAVIER DE CARDAILLAC

TARBES
Imprimerie PERROT-PRAT, rue Larrey, 46

1894

L'ASSOCIATION

C'EST L'AVENIR

PAR

XAVIER DE CARDAILLAC

TARBES
Imprimerie PERROT-PRAT, rue Larrey, 46

1894

L'ASSOCIATION,

C'EST L'AVENIR

> Il n'y a pas de Question Sociale,
> il y a des questions sociales.
> LÉON GAMBETTA.

I

LE COLLECTIVISME

Dans une brochure récente : *Le Socialisme, c'est l'Ennemi*, j'ai attaqué passionnément, en libéral quand même, le parti politique du jour, le Collectivisme.

On m'a vivement reproché d'avoir marqué à l'encre rouge le Socialisme, ce mot à la mode. Je prétendais donc, en disciple effacé d'Yves Guyot, m'ériger à l'encontre des questions sociales ! Quelques républicaines que fussent mes déclarations, elles émanaient, disait-on, d'un réactionnaire impénitent.

Oui, c'est vrai, j'ai querellé ce grand mot, le Socialisme, parce que la chose mauvaise, le Collectivisme, l'accapare aujourd'hui. Dans une page d'une logique admirable, Jules Simon écrivait récemment dans le *Figaro* : la Propriété, c'est la Liberté ; je crois compléter sa pensée en ajoutant : le Collectivisme, c'est l'esclavage.

Mes diatribes contre le Socialisme orthodoxe des Jules Guesde et des Jean Jaurès étaient inspirées peut-être par un sentiment de haine trop vigoureuse ; mais enfin, il est permis de traiter en ennemis du dedans, et non plus seulement en adversaires politiques, ces internationalistes qui, avec leur mainmise sur la propriété privée, tendent, à leur façon, à démembrer le sol de la France.

Il y a deux patries, chantent les félibres de Provence, la petite et la grande ; aimer l'une, c'est aussi aimer l'autre. Oui, les Provençaux ont raison, mais la petite patrie n'est pas seulement mon village et ton village, c'est encore le domaine que mon père a possédé, c'est la maison où je naquis.

Arrachez les bornes qui limitent nos fermes, les frontières de la Patrie tomberont par contre-coup ; supprimez le droit au domaine privé, vous déniez le droit au domaine public.

C'est pour cela sans doute que nos ennemis de l'Internationale nous crient que tous les hommes sont frères. Libre à eux, disciples des Karl Marx et des Liebneck allemands, de donner aux socialistes de Prusse le baiser de paix. Chauvins, si l'on veut, ce baiser de Judas nous brûlerait les lèvres !

Respecter la petite propriété et morceler la grande, dit leur programme ! Allons donc ! cet illogisme de mauvaise foi ne séduira pas nos paysans ; gouailleurs, ils demanderaient à ces bienfaiteurs de rencontre quel est le maximum d'hectares qui doit les mettre hors la propriété et hors la loi. Consécration en deçà, spoliation au-delà !

Le plan de ces législateurs de l'avenir est toujours le même : flatter les instincts mauvais, prêcher les droits et taire les devoirs.

Donc, entre les libéraux et les collectivistes, ce sera toujours une lutte sans merci.

Si les amis de Jaurès, par un coup de force ou de malheur, arrivaient au pouvoir, lorsqu'ils voudraient porter la main sur la propriété, les guerres de géants de la Vendée militaire ne seraient qu'un jeu auprès des futures guerres sociales.

On ne lutterait pas alors, comme dans les temps de foi, pour Dieu, pour l'autel de la vie future, mais on lutterait pour la terre, pour cet autel de la vie humaine.

La résistance n'en serait que plus âpre. Chaque ferme deviendrait une forteresse contre laquelle viendrait se briser l'élan des partageux. Et si le flot des barbares à la curée menaçait de nous submerger, au besoin, à certains de nos ennemis nous emprunterions leurs armes, nous ferions s'il le fallait, nous aussi parler la poudre verte, et, la fin anoblissant le moyen, dans la marmite du foyer envahi nous tremperions la soupe anarchiste.

Mais le sens familial, l'instinct traditionnel, le patiotisme éprouvé de nos paysans, nous sauveront, avant que le glas en ait sonné, des horreurs de la guerre civile. Ceux qui, comme moi, ont vu dans nos casernes, à côté de l'ouvrier blagueur et du bourgeois égoïste, le petit paysan résigné se faire à la vie de soldat et accepter les abnégations de la discipline, ceux-là retrouvent avec raison dans les masses rurales les réserves vitales de la France.

A l'intérieur comme au delà de-la frontière, nos paysans seront les bons soldats des guerres de demain.

II

L'ASSOCIATION

Il n'est que temps de rechercher les préservatifs de ces querelles de classes ; il faut fonder des œuvres de pacification.

Si le Collectivisme incarne aujourd'hui cette Question Sociale, dont Gambetta déniait l'existence, il n'a pas droit au monopole de ces multiples et complexes questions sociales, auxquelles les bons citoyens de tous les partis ont pour devoir de se dévouer.

Comme l'écrivait récemment dans la *Gironde* de Bordeaux, un nouveau ministre, M. Georges Leygue : « Les travailleurs réclament une amélioration de leur situation présente et des garanties pour l'avenir... ces plaintes et ces revendications, personne ne saurait en contester la légitimité. »

Le *statu quo* des conservateurs, avec son laisser faire, laisser passer, la panacée collectiviste avec son communisme : un système vaut l'autre ! Si ceux-là piétinent sur place, ceux-ci se lancent follement vers l'Eldorado des aventures. Entre la borne des uns et le casse-cou des autres, il y a marge pour la marche en avant dans la voie du progrès social.

Aussi, à côté du respect de l'effort individuel, libre de faire lit à part, s'impose l'impulsion à donner aux efforts combinés. Tous les rouages de la machine sociale seront activés par *l'Association ;* ce mot vaut bien l'autre, le *Socialisme.*

Partisans des multiples combinaisons, des libres énergies, nous n'avons que faire d'un État maître absolu, et suprême dispensateur, étouffant toutes les initiatives, règlementant tous les efforts.

Non, le rôle de l'Etat est tout autre.

Si nous répudions la théorie révolutionnaire de l'Etat maître et Providence, nous ne saurions non plus nous contenter d'un Etat qui, les bras croisés, assisterait indifférent à la lutte des faibles contre les forts.

Il est malheureusement trop vrai que les efforts individuels sont paralysés par l'influence souveraine des grands capitalistes.

Faciliter l'accession au capital du travail librement associé, favoriser les travailleurs, poursuivre les accapareurs, c'est ici que le rôle de l'État commence.

Mais, en réalité, il n'y a pas un système à créer, il n'y a qu'à développer les conséquences d'un système employé déjà. Est ce que l'Etat n'a pas eu de tous les temps, dans ses attributions administratives, la mission de protéger les généralités. Ce rôle activé que nous voulons faire remplir par l'Etat est si bien conforme à ses origines, que sans remonter à notre ancien droit, dès le commencement du siècle, le code civil stipulait qu'en matière d'eaux la règlementation de particulier à particulier appartiendrait à la justice civile, mais que la réglementation générale serait du ressort de l'Administration.

L'article 645 du code civil notamment réserve « les droits des règlements particuliers et locaux sur le cours et l'usage des eaux ». En ces matières si intéressantes de l'irrigation et des travaux de défense contre les eaux, ou d'amélioration du sol, l'Etat, pendant différentes périodes de notre siècle, a cherché, au moyen de lois diverses, à venir en aide aux associations de propriétaires, au groupement des intéressés (1).

III

LES SYNDICATS

Les syndicats ruraux, en plein Empire, devaient précéder de près de vingt ans les syndicats ouvriers.

La loi du 21 juin 1865 sur les associations syndicales prévoit les divers travaux de défense, de curage, de dessèchement, d'irrigation et de drainage que comporte le régime des eaux ; elle autorise même l'association lorsqu'il s'agit « de chemins d'exploitation et de toute amélioration agricole ayant un caractère d'intérêt collectif. » Cette loi réglemente des associations syndicales libres et des associations syndicales autorisées.

En matière d'associations syndicales autorisées : « si la majorité des intéressés, représentant au moins les deux tiers de la superficie des terrains, ou les deux tiers des intéressés, représentant plus de la moitié de la superficie, ont donné leur adhésion, le préfet autorise, s'il y a lieu, l'association » (art. 12).

Dans ce cas, la minorité, suivant le sort de la majorité, est comprise de plein droit dans le syndicat autorisé.

Pour un bien d'intérêt général la loi autorise donc le plus grand nombre des intéressés à passer outre aux travaux que comporte l'entreprise, malgré l'opposition des récalcitrants. La loi ne se contente pas de favoriser l'accord des adhérents, elle force encore la main aux dissidents et en fait des syndiqués malgré eux.

En demandant aujourd'hui à l'Etat républicain de favoriser et quelquefois au besoin d'imposer l'Association, nous lui demandons simplement de suivre

(1) Voir la loi du 16 septembre 1807 relative au dessèchement des marais, etc.; le titre II réglemente l'organisation de syndicats entre propriétaires.

et d'élargir les tendances de l'Etat monarchiste d'auparavant.

Oui, il faut la tutelle, mais parfois il faut aussi la contrainte.

Ce droit de tutelle a permis justement à l'Etat d'empêcher la Bourse du Travail de Paris de dégénérer en un foyer politique en déviant de son but primitif : la centralisation des intérêts syndicaux ouvriers. De même voit-on l'administration fermer avec raison des cercles littéraires transgressant leur programme autorisé.

En matière d'intérêts ruraux, le droit de tutelle devra malheureusement céder le pas au droit de contrainte.

Les associations agricoles ont été les premières en date, dans le fait et dans la loi, mais ces premiers-nés végètent encore misérablement, tandis que les derniers venus, les syndicats ouvriers âgés à peine de quelques années, dans une force étonnante d'expansion, doivent être parfois ramenés de force à leur but initial.

Si l'Etat réprime l'exubérance des uns, il doit songer à activer l'indolence des autres

Syndicats de défense contre les crues d'eau, syndicats de draînage, syndicats d'irrigations, que d'œuvres de premier intérêt à créer, à ressusciter plutôt!

Elle est encore à l'état de projet la pensée féconde de ce préfet de l'Empire, qui voulait, dans les Hautes-Pyrénées, grouper toutes les prairies des bassins de l'Echez et de l'Adour en un unique syndicat de la plaine de la Bigorre. Quitte à oublier un peu la politique, par ces temps d'accalmie, l'administrateur de notre département, qui réveillerait un projet endormi dans la paix des bureanx, attacherait son nom à une œuvre vraiment sociale.

Les syndicats agricoles, dans les départements, se confinent à peu près exclusivement dans la vente des engrais chimiques ; ils tendent parfois à se transformer en entreprise commerciale, ou tout au moins en maison de commission. Souvent ils sont l'œuvre de quelques-uns au lieu d'être la chose de tous. Tant qu'ils ne se refondront pas sur des bases plus larges, tant qu'ils se contenteront d'être des intermédiaires pour les achats des matières fertilisantes, tant qu'ils ne complèteront pas leur mission en centralisant la vente des produits des associés, ils continueront à végéter et à dévier de leur but.

Les syndicats agricoles devraient s'organiser concurremment avec les caisses rurales, village par village, se grouper par départements et former un réseau de confédérations couvrant la France tout entière.

IV

LES RETRAITES OUVRIÈRES

Parmi les branches si multiples de l'Association qui ne demanderaient pour se ramifier puissamment que l'organisation et la protection, il en est une, entre autres, dont la bonne venue réclame une étude spéciale. Je veux parler des assurances pour la vieillesse.

Les fonctionnaires, depuis le Trésorier-Payeur Général placé au plus haut échelon, jusqu'à ceux du dernier degré, le cantonnier ou le facteur des postes, touchent tous une retraite proportionnelle à leur traitement et à leurs années de service. Cette retraite atteint généralement la moitié de la moyenne des émoluments pendant les cinq dernières années d'exercice.

Depuis quelque temps, les ministres, les hommes politiques, les journalistes cherchent le moyen d'assurer une retraite aux ouvriers de la ville et des champs. Les travailleurs, méritaient bien l'intérêt un peu tardif et encore platonique qu'on paraît, de toute part, leur porter.

Mais les intéressés eux-mêmes semblaient, jusqu'à ces derniers temps, se soucier peu de la question à l'ordre du jour.

Si l'ouvrier des corps d'état touche un salaire souvent assez élevé, combien, malgré les caisses de prévoyance, est infime la minorité qui, par l'épargne, essaye de se prémunir contre les temps mauvais.

Quant aux ouvriers des champs, leur salaire est beaucoup plus faible, aussi sont-ils plus excusables d'être encore moins prévoyants que leurs camarades des villes. Pour eux, il n'est pas de quinzaine, c'est au jour le jour qu'ils vivent de leur maigre journée ; à peine peuvent-ils économiser quelques pièces blanches pour obvier à la maladie et au chômage.

V

MESURES INTERMÉDIAIRES

Il serait injuste cependant de taire les efforts de ces nombreuses Sociétés de secours mutuels, plus ou moins prospères, plus ou moins vivaces, qui, grâce aux cotisations de leurs membres, allouent à leurs malades des soins médicaux et des remèdes gratuits, et même une indemnité journalière.

Lorsqu'une loi sur l'assistance médicale dans les campagnes sera à élaborer, et sa préparation à brève échéance s'impose, la Chambre des Députés devra consulter les règlements de nos Sociétés communales de secours mutuels.

Nous allons dans un instant étudier le fonctionnement d'une Société de secours mutuels dans diverses expectatives mais surtout en ce qui a trait aux retraites pour la vieillesse.

Ces règlements datent souvent de temps très reculés, et remontent parfois à ces vieilles confréries paroissiales dont les adhérents, en des temps de foi, préférant le spirituel au temporel se préoccupaient surtout d'assurer aux sociétaires de décentes obsèques religieuses.

Mais, lorsque l'on organisera l'assistance médicale, il faudra demander leur coopération aux assistés.

Ce serait consacrer le droit à la paresse, cher à l'école collectiviste de l'ex-député Laffargue, que de créer une assistance médicale absolument gratuite. Il s'agira d'appliquer le vieux dicton modifié . « Aide toi, l'Etat t'aidera. » A l'effort individuel et surtout collectif doit correspondre l'impulsion administrative.

C'est en s'inspirant de ces idées que le gouvernement a annoncé récemment des dispositions préparatoires aux lois prochaines sur les retraites ouvrières. Un crédit est prévu à cet égard dans le budget de 1895.

Ces dispositions s'appuient sur deux idées fondamentales.

La première est que l'intervention de l'Etat doit être acquise exclusivement à ceux qui auront eux-mêmes fait un effort pour constituer le premier fonds de leur pension.

La deuxième est que si on veut provoquer parmi les travailleurs un mouvement considérable dans le sens de la prévoyance et de l'épargne, il ne suffit pas de promettre l'aide de l'Etat à ceux qui commenceront ultérieurement à se constituer une retraite et qui n'arriveront à en jouir que dans trente ou trente-cinq ans, mais qu'il faut, dès aujourd'hui, appliquer la loi par une sorte d'effet rétroactif à quiconque se trouve dans les conditions qui seront exigées.

C'est ainsi que le gouvernement a été amené à inscrire dans le budget, au profit des membres retraités des Sociétés de secours mutuels, un crédit destiné à majorer leurs pensions dans une mesure proportionnelle à l'importance de leurs cotisations.

Ce projet sera compris pour 1 million 500,000 francs dans le budget de 1895 ; il bénéficiera à plus de trente mille pensionnés. La dépense ira s'augmentant, mais d'une somme assez modeste chaque année. Le supplément de pension sera d'autant plus fort que le pensionné aura pris sa retraite à un âge plus avancé.

Le gouvernement ne considère ces mesures que comme une préface à la loi sur les retraites ouvrières. Il est statué pour le présent, mais le champ de l'avenir reste à déterminer. Il appartient donc à toutes les bonnes volontés d'apporter au gouvernement leurs idées pour qu'il les compare, les triture, et en extraie, dans un délai prochain, ce projet de loi tant réclamé.

VI

UNE SOCIÉTÉ DE SECOURS MUTUELS

Au 31 décembre 1891 (1), le nombre des Sociétés de secours mutuels approuvées ou reconnues comme établissements d'utilité publique était de 6.863 : elles comptaient 184,343 membres honoraires et 930,216 membres particicipants.

Le chiffre de leurs recettes s'est élevé à 21.685.719 francs 68, et le chiffre de leurs dépenses à 18.956.588 fr. 83. Le nombre des pensionnaires de ces Sociétés était de 29.907 au 31 décembre 1891. La moyenne des pensions constituées en 1891 est de 70 francs 05.

Tous ces chiffres accusent une amélioration importante sur les années précédentes.

Avant d'étudier un système de retraites obligatoires pour la vieillesse, je veux faire connaître le fonctionnement d'une Société de secours mutuels. Si je crois à la nécessité de l'association forcée, je suis loin de nier les bienfaits de l'association libre.

Après les données générales précédentes, comme étude de détail, je vais examiner le fonctionnement de la Société de secours mutuels pour les ouvriers de la ville de Vic.

Cette Société, l'une des plus prospères et des mieux administrées du département des Hautes-Pyrénées, a été fondée en 1851 ; elle fut approuvée le 9 octobre 1854. Elle comprend des membres honoraires et des membres titulaires.

Les membres honoraires du début furent les membres fondateurs de la jeune Société. Convoqués par le maire d'alors, ils élaborèrent les statuts primitifs. Sur le livret, imprimé à Tarbes en 1863, sont inscrits leurs noms au nombre d'une quarantaine ; ce sont ceux des meilleures familles de la ville de

(1) Consulter le rapport sur les opérations des Sociétés de secours mutuels, pendant l'année 1891, présenté à M. le président de la République, par M. Charles Dupuy, président du Conseil, Ministre de l'Intérieur. Paris, Imprimerie Administrative, 1893.

Vic. Aujourd'hui, les représentants de ces bonnes maisons, comme disent nos paysans, oubliant les traditions de leurs prédécesseurs, se désintéressent pour le plus grand nombre de la Société de secours mutuels. C'est regrettable.

Chaque membre honoraire ne paye que 6 francs par an. Les membres titulaires sont au nombre de cent vingt. La cotisation de chacun d'eux est de un franc par mois, soit 12 francs par an.

Les malades reçoivent 0 fr. 75 par jour de maladie. Les remèdes et le médecin sont payés par la Société.

Avant de relever certaines excellentes mesures du règlement, donnons quelques chiffres :

La Société Mutuelle de Vic a un dépôt à la Caisse d'Épargne de 2.656 francs ; en cas d'épidémie, elle a ainsi sous la main une somme immédiatement disponible. Un capital de 20,000 francs a successivement été déposé par elle à la Caisse des Retraites pour la Vieillesse. Cette somme considérable est le produit des économies de la Société, des subventions de l'Etat, des dons et des legs. D'après la loi du 22 mars 1856, le montant des subventions, dons et legs doit être versé à cette Caisse des Retraites. Le nombre des pensionnés est de dix ; ils touchent chaque année 60 francs, versés par la Caisse. Le fonds de la retraite n'est jamais aliéné, et à la mort d'un pensionné, le capital qui produit la pension est reporté au crédit de la Société, pour être réparti ultérieurement sur un retraité nouveau. D'après le projet budgétaire, chaque pensionné de Vic touchant déjà 60 francs, recevrait de l'Etat un supplément de 50 fr.

La Société Mutuelle de Vic perçoit par an 1,440 fr. de ses 120 membres titulaires ; 60 membres honoraires lui donnent 360 francs. Sur cet actif annuel de 1,800 francs, elle distribue environ 500 francs de secours, paye en médicaments 300 francs, et remet à son médecin son abonnement de 400 francs. Elle peut donc ainsi en moyenne économiser près du tiers de son encaisse, ce qui lui permettra d'accroître peu à peu l'importance de ses pensions de retraite.

En vertu de l'article 12 du décret du 26 mars 1852, des diplômes pouvant servir de livret et de passeport sont délivrés gratuitement dans les préfectures, sous certaines conditions, aux Sociétés de secours mutuels. Il y a quelques années, il n'était pas une Société de notre département des Hautes-Pyrénées qui eût profité de cette disposition. Seule encore aujourd'hui, grâce à l'initiative du président qui l'administre depuis 25 ans, la Mutuelle de Vic a pris livraison, à la Préfecture de Tarbes, de ces livrets, et les a distribués à ses ouvriers.

Ces livrets comprennent un extrait des décrets, lois et règlements qui sont applicables, un diplôme pouvant servir de passeport, des feuilles blanches réservées aux visas pour passeport, aux certificats de patrons, etc.

Ce carnet est devenu pour les sociétaires de Vic un livret de voyage permettant au porteur de justifier de son identité, et, en cas d'accident ou de maladie, de se faire soigner sur les lieux par le médecin de la Société Mutuelle qui peut s'y trouver.

L'effet de cette excellente mesure ne s'est pas fait attendre. Il y a quelques mois, un sociétaire de Vic, exerçant la profession de roulier, tombe sous sa charrette, près de Soumoulou, dans les Basses-Pyrénées. On le relève, la jambe brisée, évanoui. En le fouillant, on trouve sur lui son livret de voyage de la Mutuelle de Vic-Bigorre. Le président de la Société de Soumoulou, après un échange de télégrammes avec le président de la Société de Vic, fait donner au blessé tous les soins que comporte son état. Le malade est traité sur le même pied que les sociétaires de la localité, et, plus tard, la Caisse de Vic rembourse à celle de Soumoulou les dépenses dont elle a fait l'avance.

Le président de la Mutuelle de Vic a fait instituer un commissaire visiteur, qui est chargé tous les jours de voir les malades, pour éviter les fraudes et pour constater surtout les progrès du mal. Ces visites, faites dans un sincère esprit de fraternité, sont en même temps une consolation pour le malade, qui sent qu'il n'est pas abandonné. Célibataire ou veuf, il sait qu'il ne mourra pas entre les mains de mercenaires, mais entre celles d'un de ses confrères ; il sait encore que la Société tout entière assistera à ses obsèques.

Aux termes du réglement, sauf motif reconnu légitime, tout sociétaire doit suivre le convoi funèbre des membres, sous peine d'une amende de 2 fr.

Le président de la Société de Vic a tenu à maintenir cette touchante coutume qui est un honneur rendu au défunt et une consolation apportée à la famille en deuil.

Toutes les infractions au règlement sont jugées par un conseil d'administration, nommé tous les ans à l'élection. Le contrevenant est entendu dans ses moyens de défense. Inutile d'ajouter que la sentence est jugée sans appel, en dernier ressort.

C'est par la discipline et la régularité, que le président de la Société des ouvriers de Vic a pu, en 25 ans, la faire arriver au degré de prospérité dont elle jouit à cette heure.

Mais aussi le règlement est ponctuellement appliqué. Tous les premiers dimanches du mois, la situation financière est exposée aux sociétaires ; tous les trimestres, ils se réunissent en assemblée générale pour délibérer sur les questions à l'ordre du jour. La question aujourd'hui à l'étude dans la Société de Vic est des plus intéressantes : l'admission de sociétaires femmes. On admettrait les femmes, filles ou sœurs des membres de la Mutuelle. La cotisation serait moins élevée, les besoins de la femme sont moindres en effet ; 0 fr. 50 centimes suffiraient comme indemnité journalière en temps de maladie. Cette idée excellente fera à Vic son chemin.

Nous venons de voir les bienfaits de l'association libre dans une petite ville ; mais, malgré l'accroissement des Sociétés de secours mutuels, les adhérents ne sont qu'une minorité de la classe ouvrière. Le chiffre de leur pension est insuffisant. Aussi faut-il compléter l'association libre par l'association forcée. Comme le disait dans une conférence faite en 1882 sur la Mutualité, M. Jacquet, conseiller général de la Seine: « Le projet d'une caisse nationale de retraites civiles est un projet qui s'impose. Plus un peuple se civilise, plus il contracte d'obligations envers lui-même. Nous avons eu de tout temps l'impôt obligatoire, et depuis longtemps le service obligatoire; ce qu'il nous faut maintenant, c'est l'économie obligatoire. »

VII

LES LIVRETS D'ÉPARGNE

En modeste ouvrier de la pensée, je viens apporter ma pierre à l'édifice social des temps nouveaux : une idée très simple dans son point de départ, très facile dans son application.

Je crois avoir retrouvé, en deux morceaux, qu'il s'agira simplement de souder, le mécanisme des retraites ouvrières obligatoires, et cela, dans nos bureaux de postes et dans les trésoreries générales, où côte à côte les deux systèmes fonctionnaient assez mal. Mais à l'emploi facultatif, il faudra substituer le cours forcé.

Un décret du 30 novembre 1882 a créé pour le ministère des postes et télégraphes des bulletins d'épargne ainsi libellés dans leur entête : « Bulletin d'Epargne à verser dans un bureau de poste quelconque ouvert au service de la Caisse nationale d'épargne, pour une somme de un franc représentée par des timbres-poste de 5 ou 10 centimes ». Ce bulletin porte en tête, au recto, les nom et prénoms du déposant, les numéros du bulletin et du livret, la date du versement, la place du timbre à date du bureau où le versement est effectué. La partie inférieure de la page contient vingt cases blanches, où se colleront les timbres représentant l'épargne (1).

(1) A la fin de ce travail nous donnons un *fac simile* des bulletins d'épargne, comme pièce justificative de notre théorie. L'article 14 du décret du 28 décembre 1886, relatif à la Caisse nationale des retraites pour la vieillesse, a créé également un bulletin-retraite pour une somme d'un franc représentée par des timbres-poste.

Nous extrayons de la notice explicative du verso les indications suivantes : « Toute personne qui, sans être en mesure d'opérer le versement *minimum* d'un franc, désire se créer des épargnes, peut acheter des timbres-poste de cinq ou de dix centimes et les coller dans l'encadrement d'autre part. Lorsque les cases contiennent soit dix timbres de dix centimes ou vingt timbres de cinq centimes, soit un certain nombre de timbres de cinq et de dix centimes formant ensemble un franc, ce bulletin peut être remis dans tous les bureaux de poste ouverts au service de la Caisse nationale d'épargne, où il est reçu comme numéraire pourvu qu'aucun de ces timbres ne soit ni altéré, ni maculé, ni déchiré. Quant le porteur de bulletin est déjà en possession d'un livret de la Caisse nationale d'épargne, le versement d'un franc y est inscrit ; s'il n'a pas de livret, il lui en est délivré un dans la forme ordinaire... etc. »

Cette mesure a surtout été prise, paraît-il, en vue d'inspirer aux enfants des écoles des idées d'épargne et de leur permettre de se procurer un livret productif d'intérêt, en collant au fur et à mesure sur les bulletins gratuits les timbres achetés par eux avec leurs petits sous d'argent de poche. Les feuilles d'un franc se greffant successivement sur le livret d'épargne, devaient, d'après le paternel auteur du décret de 1882, faire, avec le temps, des petits déposants autant de petits capitalistes. Mais, hélas ! les écoliers n'ont pas pris goût à ces collections de timbres d'un genre nouveau.

Les résultats acquis sont partout insignifiants. Il est même des bureaux de poste importants, comme celui de Tarbes, où un bulletin d'épargne n'est pas enregistré dans une année toute entière.

La graine qui ne germe pas, tombée sur le grand chemin, fructifiera en bonne terre ; nous allons essayer de rendre pratique cette excellente idée de l'épargne à un sou.

Nous constations plus haut que les fonctionnaires, après une trentaine d'années de service, recevaient une retraite sensiblement égale à la moitié du traitement annuel. Il est de modestes serviteurs de l'Etat dont le salaire ne dépassant pas soixante francs par mois, représente environ deux francs par journée de travail.

Si l'on recherche la moyenne du salaire journalier des ouvriers des villes et des champs, elle ne descend pas au-dessous de deux francs, elle est même supérieure. Pourquoi ces places, si peu enviables, de fonctionnaires à quarante sous par jour sont-elles si recherchées par des gens susceptibles, en grand nombre, de gagner davantage. C'est que les cantonniers ou les facteurs, si modestes soient-ils, ont leur avenir assuré.

Eh bien ! le jour où les ,travailleurs auront une retraite garantie, le nombre des candidats fonctionnaires diminuera progressivement.

D'un bout de la France à l'autre, un souffle de libre contentement gonflera la poitrine des travailleurs, lorsque en dehors de l'asile et de l'hôpital, ces prisons des braves gens, ils pourront compter sur un morceau de pain à manger dans le repos et dans la quiétude de leurs vieux jours.

Cette grande transformation sociale, la petite feuille volante, le petit bulletin d'épargne de tout à l'heure peut la créer. Le feuillet deviendra livret, il conservera ses casiers blancs, et il continuera à renfermer ses timbres d'un sou. Le livret sera la caisse où l'épargne viendra s'accumuler.

La retraite dont les timbres formeront l'élément, sera créée par deux facteurs : le patron et l'ouvrier. Les deux frères ennemis seront unis ainsi dans une association bienfaisante, et peu à peu les cervelles des prolétaires se dépouilleront des fumées du Collectivisme.

Le bulletin transformé en livret va nous donner le mécanisme de l'épargne ; nous étudierons tout à l'heure, sans sortir de nos bureaux de poste, le mécanisme de la répartition des retraites.

Chaque journée d'ouvrier subirait un prélèvement de deux et demi pour cent, par exemple ; deux et demi pour cent seraient fournis en plus par le patron. Le cinq pour cent du salaire s'inscrirait sous forme de timbres sur le livret, caisse de la retraite.

Sur la journée type de deux francs, ce serait cinq centimes que l'ouvrier percevrait en moins des mains du patron ; cinq centimes, presque rien, moins que le petit verre du matin, moins que le petit cornet de tabac, juste le prix du journal d'un sou, que personne ne se refuse, et qu'il y aurait souvent avantage à remplacer.

A chaque règlement de journée, de huitaine ou de quinzaine, le patron devrait convertir en timbres le cinq pour cent des salaires créé par la contribution commune, et les coller lui-même sur le livret individuel de l'ouvrier.

Ces timbres seraient-ils spéciaux ou ordinaires, cette question secondaire se règlerait plus tard.

Les livrets seraient présentés aux fins d'oblitérations dans les bureaux de poste à des époques déterminées. Il serait, en effet, nécessaire de prévenir la fraude, de veiller à ce que les livrets timbrés fussent bien le produit de l'épargne de l'ouvrier et de la contribution des patrons. Les retraites futures, en effet, s'accroîtront, grâce à l'épargne de ceux qui mourront avant d'arriver au bout. Il ne faudrait donc pas que les fraudeurs pseudo-retraités puissent se créer en bloc des livrets bourrés de timbres, afin de placer leur argent à très gros intérêt.

Quant à l'Etat il aurait un double rôle à remplir, il ne devrait pas se contenter, comme à l'ordinaire, d'assurer l'exécution de la loi, il faudrait qu'il entrât comme troisième élément dans l'association du patron et de l'ouvrier en vue des retraites. L'Etat, troisième facteur, de même qu'il paye dans ses bureaux, capital et intérêts, les livrets de Caisse d'Epargne, payerait, le jour de l'exigibilité venu, les intérêts seuls des livrets des retraites ouvrières.

Il est alloué pour les livrets d'épargne, dont le capital ne se perd pas, un intérêt qui ne varie pas sensiblement ; pour ces livrets de retraite le capital successivement accumulé serait acquis à l'Etat. Aussi la mort des titulaires viendrait, en diminuant les obligations du dépositaire, lui permettre d'accroître progressivement le produit de ces placements à fonds perdus.

VIII

LA MISE EN PRATIQUE

Mais avant d'étudier avec quelques détails le système de répartition que nous proposerons, nous devons examiner de quelle façon l'État pourra assurer l'exécution de la loi.

On nous objecte en effet, que notre système de livrets individuels, quelqu'ingénieux qu'il apparaisse, ne pénétrera pas dans les mœurs, qu'il en sera de ces livrets comme des bulletins d'épargne inutilisés dans les bureaux. L'ouvrier se mettra d'accord avec son patron pour le dispenser de coller sur les livrets le 5 o/o de la contribution commune, il préfèrera la paye intégrale du jour le jour à l'assurance éloignée de l'avenir.

L'objection serait serieuse si la loi ne créait qu'une faculté ; mais elle tombe, si la loi crée une obligation. Une clause pénale contre les contrevenants en diminuera singulièrement le nombre.

Mais le contrôle sera impossible, dira-t-on.

Moins difficile qu'on ne pourrait le croire, répondrons-nous.

Une loi relativement récente frappe de droits peu élevés les locations verbales et prescrit de déclarer dans les bureaux de l'Enregistrement, en garnissant des bulletins *ad hoc*, les baux à ferme ou à loyer passés sans écrit.

Pendant quelque temps, c'est vrai, on se dispensait généralement de faire enregistrer ces baux non écrits. Mais l'Etat reprend ses droits lors qu'une contestation judiciaire s'élève entre bailleur et locataire ; à la suite des jugements rendus et des recherches de l'Enregistrement dans les greffes, les amendes se sont mises à pleuvoir sur les contrevenants.

Aussi peu à peu secouant l'apathie initiale, des habitudes nouvelles se sont créées, et le nombre des déclarations de locations verbales augmente chaque année dans les bureaux de l'Enregistrement.

Lorsqu'une contestation judiciaire entre patrons et ouvriers naîtra devant les tribunaux de paix et de commerce ou devant les conseils de prud'hommes, les inspecteurs des Caisses de Retraites feront aisément les constatations auxquelles procèdent actuellement les inspecteurs de l'Enregistrement.

Punir sévèrement les contraventions les fera promptement disparaître.

L'épargne pour la retraite, localisée sur une journée, sera aussi pratique que répartie sur une quinzaine. Le propriétaire, qui payera ses journaliers le soir, trouvera au bureau de tabac voisin, si sa provision est épuisée, des timbres d'épargne pour la retraite.

Avec l'oblitération mensuelle ou périodique, si les timbres n'ont pas été collés la veille, ils peuvent l'être sans invonvénients le lendemain.

Cette petite opération si féconde en résultats pour l'ouvrier ne sera jamais une gêne pour le patron.

Quant aux ouvriers des usines payés à la quinzaine, quant aux employés et aux domestiques payés au mois ou à l'année, la loi nouvelle leur profitera, sans à coup, dès sa promulgation.

Dans les grandes usines, dans les grands ateliers, le cinq pour cent de la retraite sera timbré sur les livrets par le caissier en même temps qu'il délivrera à l'ouvrier la paye bi-mensuelle.

En dehors même des réclamations de l'ouvrier, le contrôle par l'Etat sera facile. Les inspecteurs des retraites pourront, à l'improviste, une fois l'an ou une fois par semestre, venir vérifier les livrets des retraites ouvrières centralisés dans les bureaux des ateliers.

Dans les agglomérations des villes, la loi produira donc immédiatement son effet. Là aussi le mal est plus grand.

Notre loi trouve ici son criterium, puisqu'elle est surtout bienfaisante dans les villes où la vieillesse est tristement confinée dans l'isolement de la maison vide.

A travers l'air pur de la campagne, les épidémies trouvent difficilement leur voie ; ainsi la vieillesse est plus calme et plus reposée dans la tranquillité des champs. La loi pénètrera donc plus lentement dans nos villages, mais combien moins grandes sont les misères qu'elle finira par y soulager

Ce qui me permet de croire que mon idée est bonne en pratique, c'est qu'elle associe d'abord dans une coopération commune la trinité humaine de l'avenir : l'Ouvrier. le Patron, l'Etat ; c'est que son fonctionnement, très simplifié, pourra s'adapter aux rouages des Caisses d'Epargne postales, et de la Caisse nationale des retraites pour la vieillesse.

IX

LE BARÈME DE RÉPARTITION

Le fait de la création du capital destiné à alimenter les retraites ne saurait donc présenter des difficultés sérieuses.

Mais nous dira-t-on, combien sera difficile la répartition des retraites, alors que les bénéficiaires seront des millions de tout âge, de tout sexe, de tout gain. Le système sera bon en théorie, impossible dans la pratique. Pour l'Etat, il lui sera très aisé de percevoir ; la vente énorme de ses timbres sera tout bénéfice pour lui. Mais, quand il s'agira de rendre, les difficultés commenceront, inextricables.

Nous répondrons que payer sera presque aussi facile que percevoir.

Si les déposants, ajoutez-vous, partaient tous du même âge et arrivaient ensemble au terme de la retraite, si leur chiffre de dépôt était toujours le même, les difficultés s'amoindriraient.

Qu'importe ! Ces difficultés nous n'aurons pas à les prévoir, elles étaient tranchées bien avant que notre projet ne fût conçu.

De même qu'on vous délivrera sur votre demande, dans nos bureaux de poste, ces bulletins d'épargne gratuits, inutilisés jusqu'à ce jour, de même on vous délivrera un second feuillet tout aussi inconnu et et tout aussi inutilisé que le premier.

En tête. l'on peut lire : « Caisse nationale des retraites pour la vieillesse. Instruction pratique à l'usage des déposants. (Article 27 de la loi du 20 juillet 1886). »

Cette Caisse nationale des retraites, que la libre prévoyance ne suffit pas à alimenter, sera remplie nous l'avons vu, par les retenues que prescrira la loi nouvelle.

Quant au mode de répartition il est réglé par le bulletin que nous allons analyser ; ce bulletin répond à notre cas particulier, et il en prévoit même plusieurs autres.

L'instruction pratique à l'usage des déposants est divisée en six tableaux. Trois de ces tableaux déterminent le produit d'une rente viagère à *capital réservé*. Comme nous discutons en prenant pour base un *capital aliéné*, nous n'avons pas à nous arrêter à ces trois premiers et nous devons passer aux trois autres.

Le tableau n° 1 à *capital aliéné*, étudie la rente produite par un capital de 100 fr. une fois versé à divers âges à partir de 3 ans et dont la jouissance part de 50 ans pour s'échelonner jusqu'à 65 ; le tableau n° 1 *bis*, toujours à capital aliéné, prévoit les rentes viagères immédiatement acquises par un versement de 100 francs à partir de l'âge de 30 ans jusqu'à l'âge de de 65.

Si ces deux tableaux n'ont rien à faire avec notre systême, le dernier surtout pourra servir à l'élaboration du projet intermédiaire, qui s'occupe du présent et que le ministère de l'intérieur prépare.

Pour nous, qui prévoyons l'avenir, nous allons trouver réponse à la difficulté à résoudre dans le tableau n° 3, à capital aliéné, qui calcule la rente viagère produite par un versement annuel de dix francs.

Ce tableau, qui n'a qu'à être élargi en un barême facilement complété, est basé sur les calculs de la mortalité. L'âge des versements commence à 3 ans et s'arrête à 65 ; la jouissance de la rente a lieu à 50, 55, 60 et 65 ans ; le versement annuel est toujours de 10 francs.

Pour rendre ce tableau applicable à la répartition

des sommes consignées sur notre livret à timbrer nous n'avons qu'à lui faire subir une modification de détail.

Des trois facteurs, l'âge du déposant, l'âge de la retraite, la somme annuelle déposée, nous n'en modifierons qu'un : le chiffre du dépôt. Le chiffre, base des calculs, ne sera pas 10 francs, mais l'unité, un franc.

Combien alors, l'âge de la retraite venu, le calcul sera facile pour liquider la pension des ouvriers.

L'âge où ils ont commencé à verser, l'âge où ils vont percevoir, ces deux éléments sont déterminés par leur livret ; l'employé des postes sait ce que donnent, appliqués à un franc, l'âge du dépôt et l'âge de la perception. Cet employé des caisses de retraites vérifie les annuités de versement ; totalisées à la fin de chaque année, il en fait la moyenne. La moyenne annuelle obtenue, il prend son barême et n'a qu'à multiplier, en tenant compte de l'âge de l'ouvrier lors du dépôt et lors de la retraite, la retraite applicable à l'unité du dépôt d'un franc, par la moyenne des sommes annuellement versées. Donc, deux opérations des plus simples pour appliquer le barême au livret de chaque ouvrier : faire une moyenne du versement annuel, faire une multiplication ensuite.

Nous donnons comme seconde pièce justificative, à la fin de cette étude, un extrait du tableau n° 3, à capital aliéné indiquant la rente viagère produite par un versement annuel de 10 francs ; en regard, nous avons établi nous-même un tableau correspondant indiquant la rente viagère produite par un versement annuel d'un franc.

Maintenant, proposons un exemple : Que produira un versement annuel moyen de trente francs (soit dix centimes par jour) fait depuis l'âge de vingt ans jusqu'à celui de soixante-cinq ans ? Un coup d'œil jeté sur notre tableau n° 2 nous montre que le dépôt ayant commencé à vingt ans, et la perception partant de soixante-cinq ans, un franc donnera une rente viagère de 23 fr. 751. En multipliant ce chiffre par trente francs, montant du versement annuel, nous obtenons une rente viagère de 712,53 dont jouira le retraité de 65 ans.

Mais comme l'indiquait une mention du tableau que nous venons d'analyser, ces résultats ne sont donnés (1) par l'Etat qu'à titre de renseignements.

Et que l'on ne vienne pas dire que cette comptabilité surchargerait l'administration. Ce seraient quelques employés des postes en plus, mais aussi l'Etat bénéficierait d'un énorme encaissement de numéraire. Dans les calculs des tables des retraites pour la vieillesse, les frais de gestion de l'Etat caissier ont sûrement été prévus.

Quant aux opérations elles seraient assez simples : mensuellement l'oblitération des timbres collés sur les carnets ; chaque année le total à faire des versements et l'arrêté des comptes, facilités par la régularité des cases et le prix uniforme des timbres ; en fin d'opérations la liquidation de la retraite.

En temps de paix, la France a environ cinq cent mille hommes sous les drapeaux, chacun d'eux possède un livret matricule et un livret individuel ; sur l'un des livrets trouve sa place le moindre détail de la vie militaire du soldat, sur l'autre sont numérotés le plus petit effet, la plus petite bande de cuir. Que de détails et pourtant quelle exactitude.

Les livrets de la Caisse des retraites ouvrières, plus nombreux, c'est vrai, seraient autrement faciles à tenir et à vérifier ; l'employé n'aurait qu'à contrôler et à appliquer le barême ; le travail matériel serait constitué par l'apposition des timbres qu'effectuerait le patron.

---

(1) Depuis les tableaux dressés en 1887 au tarif de 4 0|0 l'Etat a publié en 1891 un barême complet et détaillé au tarif de 3 1|2 0|0 Ce barême contient un calcul de la rente viagère produite par chaque franc, versé à capital aliéné, depuis l'âge de 3 ans jusqu'à l'âge de 65, avec jouissance de la rente depuis l'âge de 50 ans jusqu'à l'âge de 65.

Si l'on applique à nos retraites ouvrières le barême de 1891, rien n'est laissé au hasard ; il n'y aura plus alors à établir de moyenne entre les versements annuels. Chaque année viendra apporter sa contribution spéciale à la retraite définitive. Mais nous avons préféré raisonner pour être plus clairs en prenant pour type les tableaux très simplifiés de 1887. Nous nous contentons de signaler en passant le barême de 1891.

X

LA RETRAITE DES INVALIDES DU TRAVAIL

Parmi les partisans des retraites ouvrières obligatoires il en est qui formulent une objection sérieuse à l'encontre d'un système général comme le nôtre. La retenue du 5 o/o sur le salaire journalier créera, disent-ils pour l'Etat une obligation peut-être au-dessus de ses forces. Le Gouvernement devra, après le vote de la loi, entretenir indéfiniment des milliers de retraités, qui se renouvelleront sans cesse ; ce sera des millions nouveaux à la charge d'un budget déjà si obéré. D'autre part, l'Etat pourra-t-il retrouver des sommes aussi considérables dans le produit des fonds de retenue. Les versements successifs de l'ouvrier ne peuvent se multiplier au temps venu, pour produire les rentes viagères, que grâce à l'accumulation des intérêts simples et des intérêts composés. Or tous ces millions pour cause de pléthore même, ne croupiront-ils pas, improductifs, dans les caisses de l'Etat ?

L'objection est certes des plus grosses parmi celles que soulève notre système.

On répondra que l'Etat emploiera cette accumulation de fonds à des travaux publics, ports, canaux ou chemins de fer, qui viendront accroître la richesse de la France.

Mais l'expérience de ces dernières années n'a malheureusement pas été favorable à ces grands travaux auxquels M. de Freycinet a attaché son nom.

Si les mécomptes passés font craindre que l'Etat ne perde à s'encombrer d'un argent qui l'entraînerait à des travaux trop grands ou trop aléatoires, il y aurait alors lieu de restreindre notre système mais non de le supprimer.

Depuis quelques années, à l'exemple des Compagnies de chemin de fer, l'Etat cherche à faire durer le plus possible certains de ses fonctionnaires. Dès qu'un fonctionnaire prend sa retraite, un autre prend sa place. L'Etat paye donc alors le traitement nouveau et la moitié de l'ancien. Que l'argent provienne de caisses différentes, qu'importe ! L'Etat qui paye, a toujours intérêt à retarder le plus possible la mise à la retraite de ses agents.

L'application de ce système de restriction aux retraites ouvrières présenterait un double avantage que nous allons examiner.

Au lieu d'assurer une retraite à tous les ouvriers d'un âge maximum de 60 ou 65 ans, ne vaudrait-il pas mieux simplement pensionner les invalides du travail, ceux-là qu'un accident avant l'âge empêcherait de gagner leur vie et ceux-là encore que leur grand âge rendrait incapables d'un travail utile. Ne seraient donc retraités que les infirmes, les incurables et les impotents.

Aussi, les retraites seraient moins nombreuses ; beaucoup d'ouvriers disparaîtraient, en effet, dans la plénitude de leur force de travail, puis la période de durée des retraites serait moins longue en moyenne avec les invalides qu'avec les ouvriers âgés. Parmi les pensionnés les impotents seraient la règle et les infirmes par accident l'exception.

Les inconvénients de notre système général seraient donc amoindris. L'Etat aurait moins à toucher, et par conséquent moins de difficulté à faire valoir les perceptions réduites. Le nombre des retraités diminuant, la retenue, toujours générale, devrait être moins élevée.

Le 5 o/o, de tout à l'heure ne serait plus nécessaire ; 2 o[o, 1 o/o fourni par l'ouvrier, 1 o/o fourni par le patron, suffiraient sans doute à alimenter la Caisse des retraites. La contribution commune deviendrait insignifiante, et ne grèverait plus d'une manière très sensible le budget du patron et de l'ouvrier.

Pour déterminer dans ce cas exactement le chiffre de la retenue et pour évaluer la répartition, les barêmes actuels ne suffiraient plus à nous donner des indications. L'Etat devra dresser des statistiques nouvelles et spéciales, étudier le nombre, la nature et les conséquences des accidents provenant du travail, rechercher l'âge moyen où le travail n'est plus possible pour les ouvriers de la ville et des champs.

Ce système, s'il a la priorité sur celui des retraites générales entraînera donc un moindre roulement de fonds, mais en revanche il présentera beaucoup d'aléa.

Le premier système se base sur des données précises : l'âge lors du dépôt, l'âge lors de la retraite, le nombre des déposants, la moyenne presque infaillible des décès ; le système restreint, malgré les statistiques présentera toujours deux inconnues qu'on ne résoudra qu'au jour le jour sans les prévoir sûrement à l'avance : le nombre des retraités à la suite des accidents et le nombre des retraités à la suite du grand âge ou de la maladie incurable. (1) Aléa et mécomptes peut-être ?

Mais enfin, ce système restreint de retraites pour les invalides du travail devant prélever sur l'ouvrier et le patron une contribution moindre et n'imposant à l'Etat qu'un maniement de fonds inférieur, pourrait être essayé en premier lieu, quitte plus tard, l'expérience acquise, à généraliser les retraites entre tous les ouvriers âgés.

XI

RETRAITES PROFESSIONNELLES

Nous n'avons pas la prétention, dans cette étude sommaire sur les bienfaits de l'Association, de créer de toutes pièces un système définitif de retraites ouvrières. Nous n'avons pas qualité pour jouer ici le rôle de législateur, nous nous contentons d'en remplir un plus modeste : celui de vulgarisateur d'idées trop méconnues.

Aussi, à côté de nos deux systèmes de conception première : les *Retraites générales ouvrières,*

(1) Les Rapports officiels sur les opérations des Sociétés de secours mutuels, donneront cependant des indications précieuses quand il faudra établir ces barèmes nouveaux.

et les *Retraites des invalides du travail*, exposerons-nous un dernier système que l'on peut qualifier : les *Retraites professionnelles*.

Une idée conçue la première ne doit pas devenir une idée préconçue ; souvent une objection formulée contre une théorie vient la renverser, et se substituer à elle en se transformant en une théorie nouvelle.

Nous avons vu les responsabilités qu'entraînerait pour l'Etat l'application des retraites des ouvriers en général ou simplement des invalides du travail. Si les difficultés pratiques paraissaient insurmontables au législateur, on pourrait restreindre ces retraites à une seule catégorie d'ouvriers, ceux que nous appellerons les professionnels.

Parmi eux figureraient en première ligne tous les ouvriers de corps de métier, tous ceux qui ont fait un apprentissage, puis les domestiques, les employés de commerce, tous ceux enfin qui, par la régularité de leurs habitudes professionnelles, se rapprochent des fonctionnaires de l'Etat.

Ces travailleurs restant assez longtemps chez le même patron, la mise à exécution serait beaucoup plus facile. Dans les mines, dans les ateliers, les opérations et les vérifications deviendraient aussi plus aisées.

L'Etat ne serait plus écrasé ou débordé par une gestion trop lourde ou trop compliquée.

L'Etat s'intéresserait ainsi, en première ligne, quitte à faire mieux plus tard, à toute cette population des mines et des grandes usines dont les plaintes, entre toutes, ont préoccupé l'opinion publique en ces derniers temps. Avec ces retraites restreintes, on délaisserait forcément le plus grand nombre de travailleurs, ceux du jour le jour, presque tous les ruraux.

C'est la loi de la vie, ceux qui se plaignent le plus fort sont le plus vite soulagés. On continuera alors avec raison à appeler l'Agriculture la grande délaissée. Les journaliers des champs ne protesteront pas contre la prédilection accordée aux ouvriers des villes.

Il est juste cependant d'observer que bon nombre d'ouvriers de la campagne sont de petits propriétaires, qui utilisent leurs loisirs et augmentent leur bien-être en allant à la journée lors des grands travaux. Puis, c'est dans les centres agricoles surtout que prospèrent les sociétés de Secours mutuels. Si les retraites forcées sont nécessaires pour les ouvriers des villes, l'association mutuelle largement activée et subventionnée par l'Etat suffira peut-être à garantir les travailleurs des champs contre les misères de la maladie et de la vieillesse.

XII

CONCLUSION

Les partisans des retraites obligatoires pensent avec nous que le développement des Sociétés de Secours Mutuels ne suffirait pas à assurer contre la vieillesse toutes les classes ouvrières. Pour prémunir le travailleur des villes, tout au moins, contre son insouciance de l'avenir, il deviendra un jour nécessaire de forcer sa main à l'épargne.

Mais, par mesure parallèle, il est très utile d'activer le fonctionnement de ces Sociétés mutuelles qui garantissent leurs membres, moyennant une contribution volontaire, contre le chômage et la maladie.

Quelle soit générale ou spéciale, quand la loi sur la retraite obligatoire sera votée, il faudra continuer à permettre, soit aux caisses de prévoyance privée, soit aux caisses d'épargne de l'Etat, qui continueront à fonctionner côte à côte, d'encaisser les dépôts destinés à de futures retraites. Ainsi l'ouvrier, auquel le prélèvement forcé assurera du pain dans ses vieux jours pourra, en outre, grâce à son épargne libre, se ménager un peu de superflu.

Et pourquoi s'insurger contre l'Etat, s'il impose la retraite ouvrière. Ce prétendu acheminement vers le Collectivisme, que certains nous reprochent, n'est pas pour nous effrayer. Le principe qui reconnait à l'Etat le droit de contrainte en matière d'intérêt général n'a rien de contraire aux idées de liberté.

Si l'Etat impose la retenue aux fonctionnaires, pourquoi ne l'imposerait-il pas aux patrons et aux ouvriers. Donner au gouvernement le droit de faire voter un prélèvement pour la retraite, c'est, par voie de conséquence, consacrer son droit de faire voter l'impôt.

Tous les commerçants sont assujettis à une patente, la retenue ouvrière peut s'assimiler à cette patente, et ce sera un impôt plus juste que l'autre.

L'impôt n'est plus aujourd'hui comme aux temps de despotisme, une redevance au profit du Maître, qui rend, en protection, ce qu'il n'absorbe pas dans son arbitraire.

Non, l'impôt, en temps de démocratie, est une sorte d'abonnement aux utilités de la vie publique ; c'est un versement rationnel entre les mains de l'Etat qui, sauf ce qu'il garde pour la rétribution de ses agents, doit répandre en œuvres générales ce qui lui a été donné en contributions particulières.

La patente est prélevée sur les bénéfices hypothétiques du patron, la retenue pour la retraite sera prélevée sur la journée effective de l'ouvrier. La retenue ouvrière est encore un impôt dont l'application sera plus immédiatement justifiée que la patente. Si la patente des patrons payée par quelques uns se transforme dans les mains du gouvernement en œuvres d'utilité générale, les retenues ouvrières, centralisées par l'Etat, iront, sauf les frais de gestion, se répartir exclusivement parmi les ouvriers.

Mais après avoir crié mal à propos : au Collectivisme ! à l'audition de notre projet, qu'on ne crie pas ensuite : à la Centralisation !

Je suis partisan du Régionalisme, pour tout ce qui touche à la littérature romane, aux vieilles coutumes, aux intérêts provinciaux. Cependant, il faut reconnaître que, sur certains points la centralisation ne saurait céder le pas au fédéralisme.

Qu'a donc à voir le Régionalisme dans une mesure d'intérêt général qui a pour but, d'un bout de la France à l'autre, d'assurer du pain aux vieux jours des ouvriers.

En Provence comme en Bretagne, en Flandre comme en Gascogne les tristesses de la vieillesse ne changent pas; aussi aux mêmes misères faut-il de mêmes lois.

Et maintenant vaille que vaille je lance ces idées à l'aventure de la discussion.

Si je n'ai pas réussi à faire œuvre utile, j'aurai toujours rempli mon devoir, par ces temps de haines de classes, en faisant œuvre de bonne volonté.

En terminant, je souhaite de grand cœur que les ouvriers des villes commencent à comprendre que leurs vrais amis ne sont pas les apôtres du Collectivisme. En leur prêchant le communisme, c'est la guerre civile qu'ils préparent, et dans ces luttes fraticides qu'ils consentent à tenter, ceux-là sont de mauvais Français qui risquent la fin de la France. Nous, en pronant l'Association, nous prêchons la paix sociale ; en demandant à l'Etat de forcer au besoin l'ouvrier et le patron à joindre leurs mains, nous travaillons à réconcilier ceux-là que les autres divisent. Notre République sera, un jour, c'est mon espoir, la vraie République démocratique et sociale. Lorsque par l'Association des faibles et la contribution libre ou forcée des forts, nous aurons amélioré la vieille société qu'il ne faut pas détruire, le mot Socialisme sera réhabilité, et le peuple dira de nous que nous sommes les vrais Socialistes.

XAVIER DE CARDAILLAC.

Tarbes. — Imp. Perrot-Prat, rue Larrey, 46.

MINISTÈRE

DES POSTES

ET

DES TÉLÉGRAPHES

CAISSE NATIONALE

D'ÉPARGNE

I. — PERCEPTION

BULLETIN D'ÉPARGNE

MODÈLE N° 94

Décret du 30 novembre 1882.

Instruction n° 15, art. 3

A VERSER DANS UN BUREAU DE POSTE QUELCONQUE OUVERT AU SERVICE DE LA CAISSE NATIONALE D'ÉPARGNE

POUR UNE SOMME DE UN FRANC REPRÉSENTÉE PAR DES TIMBRES-POSTE DE 5 OU DE 10 CENTIMES

Timbre à date du Bureau ou le versement est effectué.

N° du bulletin (1)

NOM ET PRÉNOMS DU DÉPOSANT ____________

LIVRET N^os ________ (2). DATE DU VERSEMENT : ____________

(1) Ce numéro est celui d'inscription aux livres-journaux nos 4 ou 10 (*premiers versements ou versements ultérieurs*).

(2) En cas de premier versement, ces numéros sont portés à l'arrivée du livret émis par la Direction départementale.

I

EXTRAIT DU TABLEAU

N° 3

DE LA CAISSE DES RETRAITES POUR LA VIEILLESSE

Rente viagère produite par un versement annuel de **10** *francs*

Capital aliéné

AGES au 1er VERSEMENT	JOUISSANCE de la rente A 65 ANS	AGES au 1er VERSEMENT	JOUISSANCE de la rente A 65 ANS
	fr. c.		fr. c.
»	»	36 ans.	93 02
»	»	37 »	87 11
3 ans.	564 66	38 »	81 48
4 »	537 89	39 »	76 11
5 »	512 35	40 »	70 98
6 ans.	487 95	41 ans.	66 10
7 »	464 61	42 »	61 46
8 »	442 26	43 »	57 03
9 »	420 86	44 »	52 81
10 »	400 35	45 »	48 80
11 ans.	380 69	46 ans.	44 98
12 »	361 84	47 »	41 35
13 »	343 79	48 »	37 90
14 »	326 49	49 »	34 62
15 »	309 94	50 »	31 50
16 ans.	294 11	51 ans.	28 55
17 »	278 97	52 »	25 75
18 »	264 51	53 »	23 10
19 »	250 69	54 »	20 60
20 »	237 51	55 »	18 24
21 ans.	224 93	56 ans.	16 01
22 »	212 94	57 »	13 90
23 »	201 50	58 »	11 93
24 »	190 60	59 »	10 07
25 »	180 20	60 »	8 32
26 ans.	170 28	61 ans.	6 68
27 »	160 82	62 »	5 15
28 »	151 80	63 »	3 72
29 »	143 19	64 »	2 39
30 »	134 97	65 »	1 15
31 ans.	127 13		
32 »	119 65		
33 »	112 52		
34 »	105 71		
35 »	90 21		

II

TABLEAU

DRESSÉ POUR LE PROJET DE LOI

SUR LES

RETRAITES POUR LA VIEILLESSE

*Rente viagère produite par un versement annuel d'***UN** *franc.*

Capital

AGES au 1er VERSEMENT	JOUISSANCE de la rente A 65 ANS	AGES au 1er VERSEMENT	JOUISSANCE de la rente A 65 ANS
	fr. c.		fr. c.
»	»	36 ans.	9 302
»	»	37 »	8 711
3 ans.	56 466	38 »	8 148
4 »	53 789	39 »	7 611
5 »	51 235	40 »	7 098
6 ans.	48 795	41 ans.	6 610
7 »	46 461	42 »	6 146
8 »	44 226	43 »	5 703
9 »	42 086	44 »	5 281
10 »	40 035	45 »	4 880
11 ans.	38 069	46 ans.	4 498
12 »	36 184	47 »	4 135
13 »	34 379	48 »	3 790
14 »	32 649	49 »	3 462
15 »	30 994	50 »	3 150
16 ans.	29 411	51 ans.	2 855
17 »	27 897	52 »	2 575
18 »	26 451	53 »	2 310
19 »	25 069	54 »	2 060
20 »	23 751	55 »	1 824
21 ans.	22 493	56 ans.	1 601
22 »	21 294	57 »	1 390
23 »	20 150	58 »	1 193
24 »	19 060	59 »	1 007
25 »	18 020	60 »	832
26 ans.	17 028	61 ans.	668
27 »	16 082	62 »	515
28 »	15 180	63 »	372
29 »	14 319	64 »	239
30 »	13 497	65 »	115
31 ans.	12 713		
32 »	11 965		
33 »	11 252		
34 »	10 571		
35 »	9 021		

www.ingramcontent.com/pod-product-compliance
Lightning Source LLC
LaVergne TN
LVHW021637170726
843501LV00007B/2269

* 9 7 8 2 3 2 9 6 5 7 3 4 9 *